AF343791

CA A OGUE

D'OBJETS

DE HAUTE CURIOSITÉ

EN BRONZE, MARBRES, PORCELAINE DE SÈVRES, DE CHINE ET DE SAXE, LAQUES, ÉMAUX, CRISTAUX DE ROCHE, AGATHE, IVOIRE, PENDULES, DORURES, TABLEAUX ET ARTICLES VARIÉS EN TOUS GENRES.

Provenant de feu Mr. DOYEN.

Dont la vente aura lieu par suite de son décès, le lundi 6 mars et jours suivans, à 11 heures précises du matin, en la grande salle Lebrun, rue de Cléry, n° 21.

L'exposition sera publique les Vendredi 3, Samedi 4 et Dimanche 5, depuis midi jusqu'à quatre heures.

LE PRÉSENT CATALOGUE SE DISTRIBUE

A PARIS.

CHEZ MM. { BERTON, Commissaire-Priseur, rue Hauteville, n°. 4.

Ca. PAILLET, Commissaire-Expert-Honoraire des Musées royaux, rue Grange-Batelière, n, 24.

A LONDRES,

Chez Mr. JARMAN, Saint-James-Street.

1826.

IMPRIMERIE DE A. CONIAM.
Rue du faubourg Montmartre, N° 4

ORDRE DE LA VENTE.

FEUILLE DE VACATIONS.

PREMIÈRE VACATION. — Du lundi matin, 6 mars.

Bronzes	N°s. 12 à 22.
Porcelaine de Sèvres	72 à 78.
Porcelaine de Chine	100 à 124.
Porcelaine de Saxe	218 à 224.
Laque de Chine	230 à 236.
Objets divers	282 à 288.

DEUXIÈME VACATION. — Mardi 7.

Bronzes	N°s. 23 à 28.
Pendules	43 à 47.
Marbres statues	48 à 49.
Vases	54 à 57.
Porcelaine de Sèvres	79 à 83.
Porcelaine de Chine	125 à 156.
Laques	237 à 242.
Cristaux de roche	245 à 249.
Agathes orientales	271 à 273.
Objets divers	289 à 29

TROISIÈME VACATION. — Mercredi 8.

Bronzes	N°s. 3 à 11.
Pendules	38 à 42.
Marbres statues	50 à 52.
Vases colonnes	53 — 58 à 64.
Porcelaine de Sèvres	65 à 71.
Porcelaine de Chine	92 à 99.
id.	151 à 165.
Porcelaine de Saxe	210 à 214.

QUATRIÈME VACATION. — Jeudi 9.

Bronzes	Nᵒˢ 1. et 2.
id.	29 à 35.
Pendules	36 à 37.
Porcelaine de Sèvres	84 à 91.
Porcelaine de Chine	166 à 197.
Porcelaine de Saxe	215 à 217.
Porcelaine moderne	228 à 229.
Laques	243 à 245.
Cristaux de roche	251 à 252.
Ivoire	253

CINQUIÈME VACATION. — Vendredi 10.

Porcelaine de Chine	Nᵒˢ. 198 à 209.
Laques	246 à 247.
Ivoire	254 à 258.
Meubles	259 à 270.
Agathes	274
Instrumens d'optique	
Bronzes d'ameublement	277 à 281.
Porcelaine de Saxe	225
Porcelaines diverses	226 à 227.
Tableaux et estampes	294
Objets omis	295

SIXIÈME VACATION. — Samedi 11.

Cette dernière vacation sera consacrée aux objets restans.

AVERTISSEMENT.

Un coup-d'œil rapide jeté sur le Catalogue que nous présentons, suffira pour donner une idée du choix des morceaux dont il contient la description ; il offre des figures en pied et des bustes en marbre et en bronze, des ivoires, des cristaux de roche, des vases, coupes, colonnes, tables et marbres de différentes formes, volumes et hauteurs, des porcelaines d'ancien Sèvres, de Saxe et de Chine ; dans cette dernière surtout, on y rencontrera le beau bleu céladon, le truité craquelé, le céladon fleuri, ces belles pièces qui font encore l'ornement des maisons des Chinois et que les anciens amateurs européens considèrent avec juste raison comme des conséquences toutes naturelles aux galeries de tableaux ; ces vétérans de la curiosité se souviennent avec plaisir qu'autrefois ce mélange de meubles de Boule, de porcelaine précieuse, de bronze ancien, prêtait à chaque objet un peu de son éclat, ils citent pour exemple les cabinets des ducs d'Aumont, Randon de Boisset, Blondel de Gagny, duc de Choiseuil, marquis de Lamure, célèbres à la vérité par le choix des tableaux , mais qui ont dû leur renommée dans le monde opulent , autant aux heureux accessoires en curiosité , qu'aux objets principaux en peinture. C'est ainsi qu'était récemment composée cette belle collection de M. Lapeyrière , que l'on citera long-temps comme un des plus beaux édifices élevés dans les arts, par l'élégance, le goût et la richesse.

Le possesseur de cette réunion d'objets , devenus précieux et rares aujourd'hui , est M. Doyen fils , âgé de 21 ans, et qui a eu la douleur de perdre successivement son père , sa mère et un frère : étranger lui - même à ce genre de commerce par une toute autre direction donnée à ses études, il abandonne cette portion d'héritage à la chaleur des enchères, et s'applaudit déjà des avantages que pourront trouver les acquéreurs qui feront choix des pièces qui composaient ses magasins ; nous ne doutons pas de la part que prendront à cette vente les personnes qui ont eu des rapports d'affaires avec M. Doyen père, qui tint un rang distingué dans son commerce pendant plus de quarante années, et qui fut constamment investi de l'estime de ses confrères par une conduite irréprochable, un caractère égal et doux et une probité intacte.

CATALOGUE

D'OBJETS DE HAUTE CURIOSITÉ.

BRONZES.

GROUPES ET FIGURES EN PIED.

1. Le Gladiateur combattant, bronze de proportion plus forte que nature, et des premières fontes de M. Carbonneau.

2. La Vénus de Médicis, grandeur naturelle, et du même artiste.

3. Autre Vénus de Médicis, aussi grandeur naturelle, ancienne fonte ; elle provient du château de Bercy.

4. Apollon et Daphné changée en laurier. Ce groupe de deux figures dans la proportion de 20 pouces de hauteur, est un des plus remarquables que l'on connaisse du cavalier Bernin, tant par la pureté du style, que par la beauté de la fonte. Feu M. Doyen en a souvent refusé de très-belles offres par le regret qu'il craignait d'éprouver à s'en séparer.

5. La Renommée et le Mercure portés l'un et l'autre par des chevaux ailés. Ces deux groupes, décorés de trophées, sont posés sur des terasses ayant 16 pouces de long et de 7 pouces ½ de large.

6. Diane chasseresse. Ce bronze d'une couleur qui se rapproche de celle du cuivre jaune, porte 24 pouces de haut et peut faire pendant au n°. suivant.

7. Le Dieu Mars, sous la figure d'un guerrier armé d'une épée, et ayant à ses pieds un casque et un bouclier. Hauteur, 22 pouces.

8. Groupe dit : le taureau Farnèse. On y compte cinq personnages et plusieurs animaux; le tout repose sur un socle de bois brun orné de cuivres dorés.

9. Pan et Diane, sur socle de bois peint.

10. Deux groupes : Vénus et l'Amour; l'Amour et Psyché sur socles de marquetterie ornés de cuivre portant 10 pouces quarrés.

11. Deux autres groupes; l'enlèvement de Proserpine par Pluton et l'enlèvement des Sabines par les Romains, sur socles en marquetterie ornés de bronzes dorés.

12. Deux forts lions sur socle en bronze doré avec appliques, tête de Jupiter et foudre.

13. Deux vases forme dite Médicis, anses et têtes de bélier, bandeau à frise d'enfant, gorge, culot et socle en bronze doré. Hauteur, 16 pouces.

14. Une autre paire de vases forme élancée avec couvercles surmontés de flammes. Hauteur, 23 pouces.

15. Deux lampes forme antique, dites les liseuses, socles et ornémens en cuivre doré.

16. Le Mercure de Jean de Bologne, sur fût en griotte et socle en cuivre.

17. Prêtresses accompagnées d'enfans ailés. Figures sur socle de marbre entouré de chaînes et torsade en bronze doré. Deux pièces en pendant.

18. Groupe allégorique composé de cinq figures sur une terrasse de 11 pouces.

19. Deux femmes luttant. Socle de marbre noir. Hauteur, 9 pouces.

20. Figure d'homme assis et nû ; pied douche en marbre. Un doigt de la main gauche est cassé ; cette figure semble avoir été destinée à orner la base d'une colonne ou autre monument du même genre. Proportion de 20 pouces environ.

21. Petit amour tenant dans la main gauche une corne d'abondance. Hauteur, 18 pouces ; socle de bois brun et ovale.

22. Deux Taureaux sur socle de marbre blanc, portant 12 pouces.

23. Quatre figures, esclaves américaines, provenant d'un monument exécuté en mémoire de la bataille livrée devant Madras.

24. Figure de femme représentant une idole, la tête couverte d'un bonnet de forme conique, et le corps entouré de bandelettes. Hauteur, 9 pouces.

25. Trois autres petites idoles sur socle en marquetterie.

26. Bas-relief, sujet des noces de Psyché, composition de plus de vingt figures.

27. Deux petits bas-reliefs, enfant sonnant la trompette, et faune portant une urne. Cadre doré.

28. Jeu en l'honneur de Priape.

29. Seize petits bas-reliefs, portraits des Médicis et autres sujets.

TÊTES ET BUSTES.

30. Quatre têtes, grands hommes de l'antiquité, Euripide, Homère, Socrate et Platon. Ces têtes, de fortes proportions, sont regardées comme antiques.

31. Tête de faune, grandeur naturelle sur piédouche en cuivre doré.

32. Deux bustes de femmes faisant pendant; l'une représente une nymphe, la tête ornée d'une guirlande de roses, et la poitrine drapée; l'autre est une bacchante ayant les cheveux attachés élégamment; elle porte sur la tête des raisins et des feuilles de lierre, le côté droit de la poitrine est couvert d'une peau d'animal. Ces deux bustes sont portés sur des socles de marbre blanc veiné portant 7 pouces de haut.

33. Buste de Buffon, grandeur naturelle sur piédouche de marbre gris veiné.

34. Tête de faune, ayant le bas de la poitrine entouré d'une toison.

35. Petit buste de l'empereur Alexandre. Bronze moderne.

PENDULES.

36. Grande pendule en cuivre doré avec figures et marquant les phases de la lune, par Mathieu. Cette pendule est surmontée d'un groupe composé de deux

enfans en bronze, dont l'un tient en sa main une couronne; entre les deux enfans est un coq doré, symbole
de la vigilance; aux deux côtés de la pendule sont deux
figures de femmes debout et en bronze, de la hauteur de
20 pouces ½. L'une de ces femmes tient un livre de son
bras gauche, l'autre porte une ceinture ornée d'étoiles.
La hauteur totale de cette pendule, sans compter le groupe qui la couronne, est de 5 pieds environ la largeur du
corps de la pendule est de 18 pouces, le socle en cuivre
doré a 3 pieds de long sur 14 pouces de large; Elle fut
achetée il y a quinze ans à la vente de M. Demidoff.

37. Pendule en porphire, du nom de Le Paute ;
elle est ornée de deux figures en bronze; l'une représente une femme assise tenant les ouvrages d'Homère ;
elle défend à un vieillard, qui porte les attributs du
temps, d'approcher d'elle.

Le cadran de cette pendule est remplacé par une
sphère couleur d'azur et parsemée d'étoiles sur laquelle
deux zônes mobiles présentent successivement les chif-
fres destinés à marquer les heures et les minutes, à la
pointe de la faux du temps qui fait les fonctions d'ai-
guilles. Le socle de cette pendule et les attributs dont
elle est décorée, sont en cuivre doré. La dimension du
socle est de 20 pouces de long sur 11 de large.

38. Grande pendule en cuivre doré, forme de vase,
ornée de têtes de lions en bronze, tenant dans leurs
gueules des anneaux en cuivre doré.

39. Autre grande pendule en cuivre doré, forme de
vase, par Le Paute, entourée de serpents dont les
dards servent à marquer les heures.

40. Pendule à carillon de Julien Leroy, ornée d'une figure en bronze représentant une femme assise entourée des attributs de l'astronomie.

41. Petite pendule dorée avec deux amours en bronze et divers attributs sur socle de marbre noir avec pieds de cuivre doré, mouvement de Gille aîné.

42. Pendule en marbre, modèle dit la pleureuse d'oiseau, avec figure et ornemens en cuivre doré au mat.

43. Grand cartel à figures en cuivre doré, mouvement de Charles Balthazard.

44. Autre cartel avec ornemens composés de branches d'olivier, d'ailes d'oiseaux et de nuages en cuivre doré (à tirage.)

45. Pendule à tirage dans une boête ronde de cuivre doré, dit-œil de bœuf.

46. Grande pendule en marquetterie avec ornemens de cuivre en couleur, et son pied.

47. Pendule à huit cadrans.

MARBRES.

STATUES , BUSTES ET MEDAILLONS.

48. L'Apollon du Belvédère, marbre blanc sur socle rond en marbre gris. Hauteur, 34 pouces.

49. La Vénus de Médicis ; le pied droit a été rajusté en deux endroits. Hauteur, 2 pieds ¼.

5o. Nymphe sortant du bain, figure dite la baigneuse de Falconet. Hauteur, 3o pouces ; un doigt est restauré.

5r. Buste de Voltaire, par M. Houdon, fait en 1778, d'après nature ; il provient de la vente de M. Clos (18 novembre 1812), n. 57 du catalogue.

52. Deux médaillons ovales, portraits de Louis XVI et de Marie Antoinette, dans des cadres de stuc jaune et vert.

VASES, COLONNES ET TABLES.

53. Deux forts vases en granit vert avec ornemens en cuivre doré portant 23 pouces de diamètre ; ces deux monumens, d'une dimension peu commune, semblent avoir été commandés pour l'ornement du péristile d'un palais.

54. Deux vases en granit vert moins forts et d'une forme élancée avec tête de bélier, socles et autres ornemens en cuivre doré. Hauteur, 25 pouces.

55. Deux autres vases en marbre vert poireau, têtes d'hommes couronnées de grappes de raisin et de feuilles de vigne en cuivre doré, couvercle à pomme de pin, gorge à jour, socle carré sur socle de cuivre à jour.

56. Colonne en marbre noir supportant un vase rouge antique.

57. Deux petits vases sphat-fluor, monture en bronze.

58. Deux grandes colonnes en granit vert, plinthes et

torses en granit; une des deux colonnes a été raccom-
modée.

59. Un dessus de table marbre rubanné, présumé
albâtre dur ou bois pétrifié; il porte 3 pieds 6 pouces
sur 2 pieds de large; les encoignures sont tronquées.

60. Deux vases en granit vert ornés de têtes de lions
et de pommes de pin, cuivre doré au mat. Hauteur,
18 pouces.

61. Deux beaux vases en porphire avec branches de
vigne en cuivre doré formant les anses. Les socles de
forme circulaire sont ornés de gorges et de guirlandes
aussi en bronze doré.

62. Deux autres vases en porphire, plus petits et
sans garniture, socles carrés.

63. Deux grandes coupes circulaires lumachelle rouge
sur socles granit vert doublé.

64. Deux vases formes libatoires en albâtre oriental.

PORCELAINES D'ANCIEN SÈVRES.

65. Onze figures en biscuit. Turenne, Vauban,
Condé, Corneille, Racine, Descartes, Sully et Du-
guesclin, Rousseau, Francklin et autres.

66. Trois vases fond bleu veiné d'or, dont celui du
milieu orné d'anses à têtes d'arménien, bouton en bronze
doré.

67. Tasse, soucoupe et couvercle fond bleu, dessins à guirlande en or.

68. Tasse à deux anses, fond bleu turquoise et têtes peintes à l'imitation du camée.

69. Deux tasses et soucoupes fond bleu, médaillons, oiseaux.

70. Deux tasses fond bleu, dont une avec médaillon, paysage.

71. Deux autres tasses fond lilas, dont une avec peinture en camayeux.

72. Deux jolies tasses, l'une à carreau vert et blanc, et l'autre à écailles de poisson; toutes deux des médaillons.

73. Cinq tasses et un sucrier, couleur mouche cantharide.

74. Deux tasses à rose, l'une fond bleu turquoise et l'autre fond vert.

75. Une petite tasse fond bleu turquoise, or et fleurs.

76. Plateau, tasse, sucrier et théyère fond lilas, à pois et or.

77. Neuf pièces, savoir : cinq tasses, un sucrier, une cafetière, théyère, pot à crême.

78. Une écuelle fond blanc à cartouche camayeux.

79. Trois tasses fond bleu et médaillon à oiseaux.

80. Deux tasses fond rouge à l'imitation du laque.

81. Deux tasses, l'une fond or à dessin d'arabesque ; l'autre dessin à l'imitation de la Chine.

82. Deux tasses fond bleu lapis et fond lilas avec médaillon à figures, sujet de l'enlèvement d'un ballon.

83. Quatre tasses à dessins variés.

84. Environ cinquante autres pièces, tasses et soucoupes, tasses à bouillon, variées de sujets, de couleur et de forme, et qui seront détaillées sous ce numéro.

85. Un pot et sa cuvette fond blanc et bleu, bouquets de fleurs.

86. Un autre pot et cuvette à dessin d'arabesque.

87. Une écuelle et plateau fond vert avec dessins en or, et figures chinoises.

88. Une grande écuelle à dessins arabesque et médaillons.

89. Une écuelle rubannée et une porcelaine de Tournay.

90. Un grand bol de 16 pouces de diamètre à dessin bleu en or.

91. Cinq soupières à pied, fond blanc avec bouquet de fleurs et plateau contournés avec ornemens bleu et or.

PORCELAINE DE CHINE ET DU JAPON.

92. Trois vases, dont deux en craquelé et un autre en céladon vert uni. Les deux premiers, anses à torsades.

93. Deux grandes cassolettes fond rouge, et à couvercle, monture à tête de bélier et grille à jour ; elles proviennent de la vente Grandpré.

94. Deux grandes bouteilles carrées, fond blanc à dessins de fleurs rouges. Pied en bronze doré.

95. Deux bouteilles, forme de gourde, fond blanc et fleurs bleu et or.

96. Deux sucriers à relief et couvercle, et un sucrier ancien blanc et à ramages.

97. Deux magots assis, dont partie est sans émail.

98. Deux grandes aigles sur socle, à pieds griffons ; en bronze doré.

99. Deux vases-bouteilles et à côte, fond vert et monture dorée.

100. Deux buires fond bleu, médaillon fond blanc.

101. Fontaine en céladon, anses et pieds contournés.

102. Deux chevaux chimères, (pied fracturé).

103. Deux vases à panse ronde, à dessins de petites feuilles et monture en bronze. (Restaurés).

104. Deux perroquets sur tertre.

105. Quatre bouteilles à long goulot.

106. Deux feuilles de vigne supportant des fruits.

107. Deux vases anciens, craquelé, sur pieds de bronze.

108. Un grand bol du Japon.

109. Deux dauphins, en terre émaillée.

110. Deux vases à panses rondes, à dessins de dragons, sur fond rouge, anses, collets et pieds en bronze.

111. Eléphant chimérique de grande proportion.

112. Deux mortiers carrés, pied en bronze doré.

113. Deux chimères de haute stature; céladon bleu et violet, pied en bronze. Mêmes dimensions que celles du cabinet Crawfurt; elles proviennent de la vente de M. de Choiseuil.

114. Deux grandes bouteilles carrées. Moulure et col en bronze doré.

115. Deux mortiers à pans sans monture.

116. Eléphant chimérique sur socle en marquetterie.

117. Deux tigres et un animal chimérique.

118. Deux éléphants anciens, blancs, sous girandole à 3 branches.

119. Trois grands vases à couvercles, surmontés de chimères.

120. Grand pot et cuvette fracturée.

121. Deux petits mortiers sur pieds de biche.

122. Deux buffles en terre et surmontés de figures.

123. Deux vases bleus, à bandeau autour du collet.

124. Deux bouteilles fond blanc à dessins, branchage et montées sur pied.

125. Quatre petits bols en chine blanc à côtes semées de fleurs.

126. Trois gourdes.

127. Deux bouteilles à dessin rouge.

128. Magot et deux racines d'arbres.

129. Quatres buires, dont deux montées.

130. Deux flambeaux à deux branches, Chine blanc, ancienne monture.

131. Petit panier et tige d'arbre.

132. Trois tortues avec figures sur couvercle.

133. Théyère d'ancien, bleu, et sucrier, écaille de poisson.

134. Deux chimères à tête mobile.

135. Deux pots d'ancien craquelé et une caisse à fleur.

136. Deux pièces en bocaro montées.

137. Deux mortiers fond blanc et fleurs, montés.

138. Quatre troncs d'arbres faisant cornet.

139. Deux chats blanc et noir et deux singes, terre brune.

140. Six figures, magots assis.

141. Deux vases d'applique formant éventail.

142. Trois saules pleureurs et deux petits paons, céladon bleu clair.

143. Deux tasses et un sucrier vert foncé et montés en argent.

144. Deux chimères céladon bleu, flambeaux à trois branches.

145. Deux paniers et deux cornets ancien blanc à jour et en relief.

146. Deux petites bouteilles et une gourde, forme longue ancien bleu, montées à chaînettes.

147. Deux vases, fond violet à dessins, branchages à reliefs.

148. Un pot pourri à grille et monté sur quatre pieds.

149. Une écuelle avec anses en argent.

150. Quatre magots assis.

151. Deux grands vases à rubans bleu et blanc, perpendiculaires.

152. Quatre petits pots ancien blanc.

153. Deux kiostes surmontés de rochers avec personnages autour.

154. Trois vases et deux cornets fond rouge et à grand ramage.

155. Deux grands vases à pans, fond blanc et rehaussés de dessins bleus.

156. Vases céladon, les anses suprimées.

157. Deux tronçons sur terrasse en bronze doré.

158. Vase en céladon fleuri, bouton, col à grille et pied en bronze doré.

159. Deux vases panse ronde céladon truité, monture ancienne.

160. Un seul vase forme basse avec couvercle surmonté d'un tronçon en céladon.

161. Quatre pièces fond rose et blanc, dont deux cornets et deux vases.

162. Une cassolette en chine de couleur rouge, bleu et blanc montée en trépied à anse de serpent.

163. Trois vases-bouteilles, fond bleu à dessins rehaussés d'or et monture élégante en bronze.

164. Un bol en truité craquelé, anses serpent.

165. Deux figures grotesques montées sur des dauphins.

166. Deux oiseaux à long bec sur haute terrasse.

167. Deux femmes portant robes chamarrées.

168. Deux petits magots nus et assis.

169. Deux buires et un sucrier ancien blanc à relief, et fortement montés.

170. Deux magots de figure riante.

171. Quatre sucriers à pan.

172. Deux chevaux et deux chimères à pied.

173. Une théyère étaim burgoté et laqué.

174. Quatre compotiers forme de feuille.

175. Deux dauphins et un lièvre céladon bleu.

176. Onze petits vases de différentes grandeurs.

177. Deux petits dauphins, un lièvre, céladon bleu et une pièce érotique.

178. Une bouteille fond violet et monture, mais elle est fêlée.

179. Deux théyères à tuyaux de canne et anses, bamboux, elles sont d'un dessin à jour et d'une dimension peu commune, elles portent environ 16 pouces de haut.

180. Une théyère forme de vase, dessin aussi à jour.

181. Deux boëtes à thé et théyères en bocaro à relief.

182. Trois pots pourris, dont deux à anses ; celui du milieu à anneau, monture à pied, collet à grille, bronze doré.

183. Théyère et plateau ancien violet.

184. Sucrier à bandeau rouge et vert monté en argent avec théyère forme de fruit.

185. Deux pots pourris, chinois assis et entourés d'enfans. (sans monture)

186. Deux tigres sur des tronçons de bambou.

187. Deux bouteilles rubanées rouge et bleu.

188. Deux pots pourris; chinois assis, monture à anses ; et tasse en céladon vert sous laquelle est une grenouille, pied contourné et en bronze.

189. Vase en filigrane en argent, cristal bleu.

190. Quatre petites figures en bois, dont une pagode dorée.

191. Deux chats accroupis sur socle de cuivre.

192. Morceaux de stéatite sculptés à jour, et trois figures debout sur tablette.

193. Deux singes, terre émaillée en vert et faisant théyère.

194. Deux chats rubanés de bleu.

195. Deux autres chats couchés, et bariolés de gris sur coussin en cuivre doré.

196. Chat violet sur coussin et socle de bronze doré, il porte les n°. 304. *Cabinet d'Aumont* 118. *duchesse de Mazarin*, et 326. *Cabinet Lebrun* en 1814. La tradition rapporte qu'à l'époque où la porcelaine de Chine était portée au prix élevé, où l'a été celle de Sèvres depuis quelques années, cette pièce importante, qui ne pouvait pourtant avoir qu'un possesseur, fut disputée par les amateurs du temps et payée une somme considérable.

197. Bambou sur socles, fond rouge et servant à serrer les pipes.

198. Deux jolis mortiers à 8 pans , fond rouge et fond blanc à branchage.

199. Deux petits perroquets et un lièvre , cassolette et crape, ancien celadon bleu clair , en tout 5 pièces.

200. Deux perroquets terre brune sans émail.

201. Deux perroquets céladon bleu sur terrasses, d'où sortent deux branches formant girandoles.

202. Plateau et théyère ancien violet.

203. Trois mortiers fond blanc et dessins de plantes. Ils sont montés.

204. Quatre autres dont deux à grandes côtes.

205. Deux mortiers à pans, fleurs rouges, et montés.

206. Une grande bouteille , gourde, porcelaine à bandeau non émaillé, monture à anneaux.

207. Deux canards sur canapé et une carpe.

208. Tasse rouge en terre, tasse porcelaine jaspée et deux tasses avec doublure , l'une est à jour.

209. Cinq pièces ancien truité, figures dans différentes attitudes.

SAXE.

210. Une garniture de trois vases fond vert clair, et médaillons à grandes figures chinoises.

211. Deux cornets à trois médaillons chinois.

212. Deux vases panses rondes à mêmes sujets.

213. Un grand vase de milieu à sujet nombreux en figures. Monture en bronze doré.

214. Deux cornets faisant côtés au grand vase ci-dessus et ornés de riches médaillons.

215. Deux corbeilles à jour.

216. Un pot et sa cuvette, médaillons à sujet et paysage. Monture argent doré.

217. Vase sans couvercle, monté haut et bas, semé de fleurs émaillées et cartouches à figures.

218. Grand temple à quatre colonnes palmiers, surmonté d'un enlèvement formant groupe, et orné de quatre figures de femmes et de petits amours, le milieu est composé de trois enfans nus personnifiant les arts et entourées d'attributs ; les branchages en cuivre doré font girandoles.

219. Deux tubéreuses dans leur caisse.

220. Sept groupes d'enfant, personnifiant les Saisons et les Arts.

221. Deux hommes debout, costume de marins.

222. Quatre soupières en porcelaine, dont une sans plateau et à beaux médaillons.

223. Chien et chienne caressant ses petits.

224. Petit Bacchus sur tonneau porté sur un pied à figure.

225. Beaucoup de figures groupées et isolées, sujet

de bergères et jardiniers galans, différens animaux, pièces, séparées dont il sera fait des lots.

225. Quantité de pièces de service en porcelaine de
Chine, de Saxe et d'anciens Sèvres qui n'étant pas bien
assortis, formeront des lots. Il s'en trouve parmi d'im-
portantes et de bien conservées, telles que plateaux et
déjeûners, assiettes, sucriers, tasses et autres pièces à
usage.

226 Deux sucriers couvercles à jour.

PORCELAINE MODERNE.

228. Trois grands vases fond rouge à dessins d'arabesque, les couvercles montés sur une grille et les anses
formées de rinceaux d'ornement.

229. Vase Médicis avec médaillon. Halte de chasse.
en grisaille et médaillon à fleurs. Avec deux autres vases
plus petits et mêmes dessins.

LAQUE DE CHINE ET DU JAPON.

230. Deux pieds d'estaux ou grands socles en ancien
laque en relief.

231. Un coffre à trois cases avec enveloppe à anse.

LAQUES.

232. Un joli coffret à bijoux, couvercle ceintré,
laque noir incrusté de burgau. Encoignûures en cuivre
doré.

233. Deux tablettes à quatre pieds et de forme contournée.

234. Petite tablette avec trois pièces écritoire forme de fruit. Laque très-fin.

235. Théyère et assiette laque noir à grand dessin d'or.

236. Petit plateau avec trois pièces en cristal de roche.

237. Un joli cabinet forme carrée. Laque noire incrustée en burgo, il ouvre à deux ventaux et contient des tiroirs.

238. Deux petits écrans dont un semé d'or.

239. Quatre tasses et soucoupes laque rouge sur plateau d'albâtre colorié, entouré d'une galerie à jour en bois de fer.

240. Un joli écran à pied en laque noir et à sujets dorés et en relief.

241. Un petit plateau en burgo avec deux tasses également incrustées en burgo.

242. Une boëte ronde et une cassolette.

243. Un coffre en laque noir et japonné, les coins en cuivre doré et gravés.

244. Une boëte à couvercle contourné et un petit coffret long et à compartiment.

245. Deux canards à nageoirs dorées.

246. Boête ronde, petit tabouret et tasse rouge sur plateau.

247. Quatre petites figures en bois.

CRISTAUX DE ROCHE.

248. Deux petits gobelets, un grand gobelet taillé et un flacon.

249. Plateau gravé et trois pièces faisant écritoire.

250. Plusieurs pièces détachées et plaques.

251. Poisson en cristal de roche, avec pièces faisant écritoire. Il est posé sur un plateau de laque.

252. Deux flambeaux forme ancienne.

IVOIRE.

253. Deux jolis vases montés en bronze et à jour, avec anses à ceps de vigne et tête, consoles à pieds de biches, surmontées de têtes de femmes. La pendule en forme de temple, à colonne, est surmontée d'un vase-corbeille. Ces trois pièces d'un goût élégant, et du plus riche travail en cizelure, ont toujours été reconnus pour avoir appartenu à la feue reine Marie-Antoinette.

254. Une boête, avec appliques en ivoire gravé, et placage en écaille.

255. Cléopâtre et Lucrèce, deux figures dans des cadres d'ébène.

256. Saturne portant un enfant.

257. Cérès et Bacchus, deux figures en ivoire.

258. Deux rateaux à jeu.

MEUBLES DE DIFFERENS GENRES.

259. Petit cabinet en ébène, à profil très-précis, et à tiroirs, avec colonnes en jaspe et en cristal torse. Il est revêtu sur la façade de plaques en pierres de rapport, et en matières précieuses, telles que lapis lazzuli, agathe, jaspe fleuri, jaspe sanguin, cornaline, etc.

260. Autre meuble en ébène, à deux ventaux et à tiroirs, guillochés. Il est aux armes de France.

261. Tablette de porphire, sur pied, en bois.

262. Console en acajou, avec dessus de marbre blanc, garnitures en cuivre doré.

263. Une table, avec dessus de marbre blanc, pieds cannelés, sans garniture.

264. Une table, avec marbre cipolin.

265. Une table à pied cannelé, avec ornemens en bronze doré.

266. Console en acajou, avec galerie en cuivre.

267. Table en vieux laque, pieds canelés, marbre blanchâtre.

268. Tablette en mosaïque.

269. Une petite table guéridon, dont le dessus forme damier.

270. Plusieurs bureaux et consoles à tablette.

AGATHES ORIENTALES ET D'ALLE-MAGNE.

271. Deux vases en agathe, rubannée sur carré, marbre servelat.

272. Deux tasses agathe, mammelonée rouge et blanc.

273. Deux petites cuves orientales, et deux tasses, vitrification imitant l'aventurine.

274. Plusieurs lots d'agathes et onyx en plaques et en morceaux.

INSTRUMENS D'OPTIQUE ET DE MA-THEMATIQUE.

275. Deux grands télescopes sur chevalet en cuivre.

276. Plusieurs pièces, telles que graphomètre et divers instrumens pour l'étude des sciences.

BRONZES D'AMEUBLEMENT.

277. Deux grands candelabres, femmes ailées sur piédestal en griotte ; elles tiennent d'une main une couronne, et de l'autre une tige de palmier, faisant girandole à six lumières.

278. Deux autres tiges et branches de lys, sur vase d'albâtre.

279. Un lustre de grande dimension, et enrichi de cristaux.

280. Deux femmes génies ailées, sur piédestal; elles portent des girandoles à trois branches.

281. Deux flambeaux girandoles, à quatre branches, trépied, tige soutenue par trois enfans.

OBJETS DIVERS

282. Combat des Lapites, fragmens de vases, ancien émail de Limoges.

283. Deux petits vases en vers antique sur socle, vert de mer, têtes en bronze doré.

284. Deux lampes en argent portant 25 pouces, vases sur piédestal.

285. Vase en spath fluor richement monté en bronze doré.

286. Un pot et sa cuvette, en lave.

287. Cinq pots de divers grandeurs, idem.

288. Coffre en vitrification.

289. Deux tasses et une boîte, pâte de riz.

290. Deux dessus de guéridon églonrisés.

291. Plusieurs bas-reliefs et médaillons, dont portraits de reines et princesses, et médailles diverses.

292. Un joli fusil de femme.

293. Costume tartare, brodé en or et argent sur velours

TABLEAUX ET ESTAMPES.

294. Sous ce numéro seront compris tous les tableaux, paysages, sujets d'histoire, genre et autres, dans de fort bonnes bordures anciennes, une suite des batailles de la Chine, et une collection de vingt oiseaux étrangers et peints à la gouache ; ils sont décrits par Buffon.

295. Quantité de petites pièces qui n'ont pu être comprises dans le Catalogue, comme : ivoires, bas-reliefs en bronze, et généralement tous les objets omis seront compris sous ce numéro.

www.ingramcontent.com/pod-product-compliance
Lightning Source LLC
LaVergne TN
LVHW010447060726
842527LV00005B/1743